Impressum
Verlag: BABADADA GmbH, Nedderfeld 112 , 22529 Hamburg
Geschäftsführer / Verlagsleitung: Harald Hof
Druck: Books on Demand GmbH, In de Tarpen 42, 22848 Norderstedt

Imprint
Publisher: BABADADA GmbH, Nedderfeld 112 , 22529 Hamburg, Germany
Managing Director / Publishing direction: Harald Hof
Print: Books on Demand GmbH, In de Tarpen 42, 22848 Norderstedt, Germany

škola
学校

deliť
除

186/2

tabuľa
黑板

trieda
教室

školský dvor
校园

učiteľ
老师

papier
纸

pero
钢笔

písací stôl
办公桌

pravítko
直尺

kniha
书

písať
书写

žiak
学生

školská taška
书包

peračník
铅笔盒

ceruza
铅笔

strúhadlo na ceruzky
卷笔刀

guma
橡皮擦

skicár
画板

kresba

图画

štetec

画笔

vodové farby

颜料盒

nožnice

剪刀

lepidlo

胶水

cvičný zošit

练习册

domáca úloha

家庭作业

číslo

数字

sčítať

加

odčítať

减

násobiť

乘

počítať

计算

písmeno

字母

abeceda

字母表

slovo

字

text

课文

čítať

读

krieda

粉笔

hodina

上课

triedna kniha

登记

skúška

考试

certifikát

证书

školská uniforma

校服

vzdelanie

教育

encyklopédia

百科全书

univerzita

大学

mikroskop

显微镜

mapa

地图

kôš na papier

废纸筐

hotel 酒店

nocľaháreň 青年旅社

zmenáreň 外币兑换处

kufor 手提箱

auto 汽车

jazyk

语言

áno/nie

是/否

v poriadku

好的

ahoj

您好

prekladateľ

翻译员

ďakujem

谢谢

Koľko stojí ... ?

......多少钱？

Nerozumiem

我不明白

problém

问题

Dobrý večer!

晚上好！

Dobré ráno!

早上好！

Dobrú noc!

晚安！

Dovidenia

再见

smer

方向

batožina

行李

taška

包

batoh

双肩包

hosť

客人

izba

房间

spacák

睡袋

stan

帐篷

informácie pre turistov

旅游信息

pláž

海滩

kreditná karta

信用卡

raňajky

早餐

obed

午餐

večera

晚餐

cestovný lístok

票

výťah

电梯

poštová známka

邮票

hranica

边界

clo

海关

veľvyslanectvo

大使馆

vízum

签证

cestovný pas

护照

lietadlo
飞机

loď
船

požiarnické auto
消防车

autobus
公交车

nákladné auto
卡车

motorový čln
汽艇

bicykel
自行车

auto
汽车

trajekt

摆渡船

loď

小船

motorka

摩托车

policajné auto

警车

pretekárske auto

赛车

vozidlo z požičovne

租车

carsharing

拼车

odťahové auto

拖车

smetiarske auto

垃圾车

motor

发动机

benzín

汽油

čerpacia stanica

加油站

dopravná značka

交通标志

premávka

交通

zápcha

交通堵塞

parkovisko

停车场

vlaková stanica

火车站

trate

轨道

vlak

火车

električka

电车

vagón

货车

helikoptéra

直升机

letisko

机场

veža

塔

pasažier

乘客

kontajner

集装箱

kartón

纸板箱

vozík

手推车

kôš

篮子

štartovať / pristáť

起飞/降落

mesto

城市

dedina

村庄

centrum mesta

市中心

dom

房子

kino
电影院

reklama
广告

pouličná lampa
路灯

ulica
街道

taxík
出租车

stánok
小吃店

chodec
行人

chodník
人行道

CINEMA

križovatka
十字路口

prechod pre chodcov
斑马线

kontajner
垃圾箱

semafór
红绿灯

chata

小屋

byt

公寓

vlaková stanica

火车站

radnica

市政厅

múzeum

博物馆

škola

学校

MUSEUM

univerzita

大学

banka

银行

nemocnica

医院

hotel

酒店

lekáreň

药房

kancelária

办公室

kníhkupectvo

书店

obchod

商店

kvetinárstvo

花店

supermarket

超市

trh

市场

obchodný dom

百货商店

obchodník s rybami

鱼店

nákupné stredisko

购物中心

prístav

海港

park

公园

lavička

长凳

most

桥

schody

楼梯

metro

地铁

tunel

隧道

autobusová zastávka

公交车站

bar

酒吧

reštaurácia

餐馆

poštová schránka

邮筒

tabuľa s názvom ulice

路标

parkovacie hodiny

停车计时器

ZOO

动物园

plaváreň

游泳馆

mešita

清真寺

farma

农场

znečisťovanie životného prostredia

污染

cintorín

墓地

kostol

教堂

ihrisko

操场

chrám

寺庙

terén

地形

list
树叶

smerová tabuľa
指示牌

cesta
路

lúka
草地

kameň
石头

strom
树

turista
徒步旅行者

rieka
河

tráva
草

kvet
花

dolina

峡谷

kopec

山

jazero

湖

les

森林

púšť

沙漠

vulkán

火山

zámok

城堡

dúha

彩虹

hríb

蘑菇

palma

棕榈树

komár

蚊子

mucha

苍蝇

mravec

蚂蚁

včela

蜜蜂

pavúk

蜘蛛

chrobák

甲虫

žaba

青蛙

veverička

松鼠

jež

刺猬

zajac

野兔

sova

猫头鹰

vták

鸟

labuť

天鹅

diviak

野猪

jeleň

鹿

los

麋鹿

hrádza

水坝

veterná turbína

风力发电机

solárny panel

太阳能电池板

podnebie

气候

čašník
服务员

jedálny lístok
菜单

stolička
椅子

polievka
汤

pizza
披萨饼

príbor
餐具

obrus
桌布

predjedlo

前菜

hlavné jedlo

主菜

zákusok

甜点

nápoje

饮料

jedlo

食物

fľaša

瓶子

fast-food

快餐

street food

街边小吃

kanvica na čaj

茶壶

cukornička

糖盒

porcia

一份饭菜

stroj na espresso

意式咖啡机

detská stolička

高脚椅

účet

账单

podnos

托盘

nôž

刀

vidlička

餐叉

lyžica

勺子

čajová lyžička

茶匙

obrúsok

餐巾

pohár

玻璃杯

tanier

碟子

hlboký tanier

汤盘

podšálka

碟子

omáčka

酱

soľnička

盐瓶

mlynček na korenie

胡椒磨

ocot

醋

olej

食用油

korenie

调味料

kečup

番茄酱

horčica

芥末

majonéza

蛋黄酱

špeciálna ponuka
特价

klient
顾客

mliečne výrobky
乳制品

FOR

nákupný vozík
购物车

ovocie
水果

mäsiarstvo

肉铺

pekáreň

面包房

vážiť

称重

zelenina

蔬菜

mäso

肉

mrazené potraviny

冷冻食品

nárez

冷盘

konzervy

罐头食品

prací prostriedok

洗衣粉

sladkosti

甜食

domáce potreby

日用品

čistiace prostriedky

清洁用品

predavačka

销售员

pokladňa

收银机

pokladník

收银员

nákupný zoznam

购物清单

otváracie hodiny

开放时间

peňaženka

钱包

kreditná karta

信用卡

taška

袋子

plastové vrecko

塑料袋

supermarket - 超市

nápoje
饮料

voda

水

džús

果汁

mlieko

牛奶

kola

可乐

víno

红酒

pivo

啤酒

alkohol

酒

kakao

可可

čaj

茶

káva

咖啡

espresso

意式浓缩咖啡

kapučíno

卡布奇诺

banán

香蕉

jablko

苹果

pomaranč

橙子

melón

西瓜

citrón

柠檬

mrkva

胡萝卜

cesnak

大蒜

bambus

竹子

cibuľa

洋葱

hríb

蘑菇

orechy

坚果

rezance

面条

špagety

意大利面条

ryža

米饭

šalát

沙拉

hranolky

薯条

pečené zemiaky

炸土豆

pizza

披萨饼

hamburger

汉堡包

obložený chlebík

三明治

rezeň

炸猪排

šunka

火腿

saláma

萨拉米

klobása

香肠

kurča

鸡肉

pečené mäso

烤肉

ryba

鱼

ovsené vločky

燕麦片

müsli

穆兹利

kukuričné lupienky

玉米片

múka

面粉

croissant

羊角面包

pečivo

面包卷

chlieb

面包

hrianka

烤面包

sušienky

饼干

maslo

黄油

tvaroh

凝乳

koláč

蛋糕

vajce

蛋

volské oko

煎蛋

syr

奶酪

zmrzlina

冰激凌

cukor

糖

med

蜂蜜

lekvár

果酱

nugátová nátierka

巧克力酱

karí korenie

咖喱饭

sedliacky dom
农舍

stoch slamy
稻草捆

stodola
粮仓

pole
田野

kôň
马

príves
拖车

traktor
拖拉机

žriebä
马驹

somár
驴

jahňa
羔羊

ovca
羊

koza
山羊

krava
奶牛

teľa
牛犊

prasa
猪

prasiatko
小猪

býk
公牛

hus

鹅

kačica

鸭

kuriatko

小鸡

sliepka

母鸡

kohút

公鸡

potkan

鼠

mačka

猫

myš

老鼠

vôl

牛

pes

狗

psia búda

狗屋

záhradná hadica

花园浇水软管

krhla

洒水壶

kosa

长柄大镰刀

pluh

犁

kosák

镰刀

motyka

锄头

vidly na hnoj

长柄草耙

sekera

斧头

fúrik

独轮手推车

koryto

饲料槽

kanva na mlieko

牛奶罐

vrece

麻布袋

plot

栅栏

maštaľ

马厩

skleník

温室

pôda

土壤

osivo

种子

hnojivo

肥料

kombajn

联合收割机

žať

收割

žatva

收割

batát

山药

pšenica

小麦

sója

大豆

zemiak

土豆

kukurica

玉米

repka

油菜籽

ovocný strom

果树

maniok

树薯

obilie

谷物

komín
烟囱

strecha
屋顶

dažďový odkvap
落水管

okno
窗户

garáž
车库

zvonček
门铃

dvere
门

odpadkový kôš
垃圾桶

poštová schránka
信箱

záhrada
花园

obývačka

客厅

kúpeľňa

浴室

kuchyňa

厨房

spálňa

卧室

detská izba

儿童房

jedáleň

餐厅

podlaha

地板

stena

墙壁

strop

吊顶

pivnica

地窖

sauna

桑拿

balkón

阳台

terasa

露台

bazén

游泳池

kosačka

割草机

obliečka

被单

posteľná prikrývka

床罩

posteľ

床

metla

扫帚

vedro

水桶

vypínač

开关

tapeta
壁纸

obraz
照片

lampa
台灯

regál
搁架

skriňa
橱柜

kozub
壁炉

televízor
电视机

kvet
花

vankúš
垫子

pohovka
沙发

váza
花瓶

diaľkové ovládanie
遥控器

koberec

地毯

záclona

窗帘

stôl

餐桌

stolička

椅子

hojdacie kreslo

摇椅

kreslo

扶手椅

kniha

书

prikrývka

毯子

dekorácia

装饰品

drevo na kúrenie

木柴

film

电影

hi-fi veža

高保真音响

kľúč

钥匙

noviny

报纸

maľba

油画

plagát

海报

rádio

收音机

zápisník

笔记本

vysávač

吸尘器

kaktus

仙人掌

sviečka

蜡烛

chladnička
冰箱

mikrovlnka
微波炉

kuchynské váhy
厨房秤

hriankovač
烤面包机

čistiaci prostriedok
洗洁精

pec
烤箱

mraziarenský box
冰柜

odpadkový kôš
垃圾桶

umývačka riadu
洗碗机

sporák

炊具

hrniec

锅

železný hrniec

铸铁锅

wok / kadai

炒锅

panvica

平底锅

rýchlovarná kanvica

水壶

parný hrniec

蒸锅

plech na pečenie

烤盘

riad

陶瓷锅

pohár

马克杯

misa

碗

paličky

筷子

naberačka na polievku

长柄勺

stierka

铲子

metlička

搅拌器

cedidlo

滤网

sitko

筛子

strúhadlo

磨碎机

mažiar

研钵

gril

烧烤

ohnisko

明火

doska na krájanie

菜板

valček na cesto

擀面杖

vývrtka

开瓶器

konzerva

罐子

otvárač na konzervy

开罐器

chňapka

隔热手套

výlevka

水槽

kefa

刷子

hubka

海绵

mixér

搅拌机

mraznička

冷藏箱

kojenecká fľaša

奶瓶

vodovodný kohútik

水龙头

kúrenie
供暖设备

sprcha
淋浴

uterák
毛巾

sprchový záves
浴帘

pena do kúpeľa
泡沫浴

vaňa
浴缸

pohár
玻璃杯

práčka
洗衣机

vodovodný kohútik
水龙头

dlaždice
瓷砖

nočník
便壶

výlevka
水槽

záchod

厕所

suchý záchod

蹲便器

bidet

坐浴器

pisoár

小便池

toaletný papier

厕纸

záchodová kefa

马桶刷

zubná kefka

牙刷

zubná pasta

牙膏

dentálna niť

牙线

umývať

洗

ručná sprcha

手持式喷淋头

sprcha pre intímnu hygienu

冲洗器

umývadlo

洗脸盆

kefa na chrbát

擦背刷

mydlo

肥皂

sprchový gél

沐浴露

šampón

洗发水

frotírová rukavica

法兰绒

odtok

排水

krém

乳霜

dezodorant

除臭剂

kúpeľňa - 浴室

zrkadlo

镜子

kozmetické zrkadlo

手镜

žiletka

剃须刀

pena na holenie

剃须泡沫

voda po holení

须后水

hrebeň

梳子

kefa

刷子

sušič vlasov

吹风机

sprej na vlasy

喷发定型剂

make-up

化妆品

rúž

唇膏

lak na nechty

指甲油

vata

化妆棉

nožnice na nechty

指甲剪

parfum

香水

kozmetická taška

洗漱包

stolček

凳子

váha

计重秤

kúpací plášť

浴袍

gumové rukavice

橡胶手套

tampón

卫生棉条

menštruačná vložka

卫生巾

chemické WC

化学厕所

budík
闹钟

plyšová hračka
毛绒玩具

hračkárske auto
玩具车

domček pre bábiky
玩具屋

dar
礼物

hrkálka
拨浪鼓

balón

气球

posteľ

床

detský kočík

（洋娃娃用）婴儿车

karty

扑克牌

puzzle

拼图

komix

漫画

skladačka lego

乐高积木

stavebnica

积木玩具

akčná postavička

玩具人

dupačky

婴儿服

lietajúci tanier

飞盘

závesné hračky

床铃玩具

stolová hra

棋盘游戏

kocka

骰子

modelový vláčik

火车模型

cumlík

安抚奶嘴

párty

聚会

obrázková kniha

绘本

lopta

球

bábika

洋娃娃

hrať sa

玩

pieskovisko

沙坑

hojdačka

秋千

hračky

玩具

hracia konzola

游戏机

trojkolka

三轮车

medvedík

泰迪熊

šatník

衣柜

šatstvo

衣服

ponožky

袜子

pančuchy

长袜

pančuchové nohavičky

紧身裤

šál
围巾

opasok
皮带

dáždnik
雨伞

tričko
T恤

čižmy
靴子

papuče
拖鞋

tenisky
运动鞋

sandále

凉鞋

topánky

鞋

gumáky

雨靴

spodky

内裤

podprsenka

胸罩

tielko

背心

šatstvo - 衣服

body

身体

nohavice

裤子

džínsy

牛仔裤

sukňa

短裙

blúzka

女式衬衫

košeľa

衬衫

pulóver

套头衫

sveter

卫衣

blejzer

西装夹克

bunda

夹克

kabát

外套

pršiplášť

雨衣

kostým

套装

šaty

连衣裙

svadobné šaty

婚纱

šatstvo - 衣服

oblek

西装

nočná košeľa

睡袍

pyžamo

睡衣

sari

莎丽

šatka na hlavu

头巾

turban

包头巾

burka

波卡

kaftan

卡夫坦

abaja

(阿拉伯式)长袍长袍

dvojdielne plavky

泳衣

plavky

男式泳裤

šortky

短裤

teplákova súprava

运动服

zástera

围裙

rukavice

手套

šatstvo - 衣服

gombík

纽扣

okuliare

眼镜

náramok

手链

retiazka

项链

prsteň

戒指

náušnica

耳环

čiapka

便帽

vešiak

衣架

klobúk

帽子

kravata

领带

zips

拉链

prilba

头盔

traky

背带

školská uniforma

校服

uniforma

制服

podbradník

围兜

cumlík

安抚奶嘴

plienka

尿不湿

server
服务器

skriňa na spisy
文件柜

tlačiareň
打印机

monitor
显示屏

papier
纸

myš
鼠标

písací stôl
办公桌

zakladač
文件夹

klávesnica
键盘

kôš na papier
废纸筐

stolička
椅子

počítač
电脑

hrnček na kávu

咖啡杯

kalkulačka

计算器

internet

因特网

laptop

笔记本电脑

list

信件

správa

消息

mobil

手机

sieť

网络

kopírka

复印机

softvér

软件

telefón

电话

elektrická zásuvka

插座

fax

传真机

formulár

表格

doklad

文件

kúpiť

买

platiť

付钱

obchodovať

交易

peniaze

现金

dolár

美元

euro

欧元

jen

日元

rubeľ

卢布

švajčiarsky frank

瑞士法郎

čínsky jüan

人民币

rupia

卢比

bankomat

提款处

zmenáreň

外币兑换处

zlato

金

striebro

银

ropa

石油

energia

能源

cena

价格

zmluva

合同

daň

税金

akcia

股票

pracovať

工作

zamestnanec

职员

zamestnávateľ

老板

továreň

工厂

obchod

商店

policajt
警官

hasič
消防员

kuchár
厨师

lekár
医生

pilót
飞行员

záhradník

园丁

stolár

木匠

krajčírka

裁缝

sudca

法官

chemik

化学家

herec

演员

vodič autobusu

公交车司机

taxikár

出租车司机

rybár

渔夫

upratovačka

清洁女工

pokrývač

屋顶工

čašník

服务员

poľovník

猎人

maliar

画家

pekár

面包师

elektrikár

电工

stavebný robotník

建筑工人

inžinier

工程师

mäsiar

屠夫

klampiar

水管工

poštár

邮递员

vojak

士兵

architekt

建筑师

pokladník

收银员

kvetinár

花农

kaderník

理发师

sprievodca

售票员

mechanik

机械师

kapitán

船长

zubár

牙医

vedec

科学家

rabín

拉比

imám

伊玛目

mních

和尚

farár

牧师

kladivo
铁锤

kliešte
钳子

skrutkovač
螺丝刀

kľúč na skrutky
扳手

baterka
手电筒

bager

挖掘机

súprava náradia

工具箱

rebrík

梯子

pílka

锯子

klince

钉子

vrták

钻机

opraviť

修

lopata

铲子

Do čerta!

靠！

lopatka na smeti

簸箕

nádoba s farbou

油漆桶

skrutky

螺丝

hudobné nástroje

乐器

reproduktor
扬声器

bicie
打击乐器

gitara
吉他

kontrabas
低音提琴

trúbka
小号

klavír

钢琴

husle

小提琴

basa

贝斯

tympany

定音鼓

bubon

鼓

klávesnica

电子琴

saxofón

萨克斯管

flauta

长笛

mikrofón

麦克风

hudobné nástroje - 乐器

tiger
老虎

vstup
入口

klietka
笼子

zebra
斑马

krmivo pre zver
动物饲料

panda
熊猫

zvieratá

动物

slon

大象

klokan

袋鼠

nosorožec

犀牛

gorila

大猩猩

ťava

骆驼

pštros

鸵鸟

lev

狮子

opica

猴子

plameniak

火烈鸟

papagáj

鹦鹉

ľadový medveď

北极熊

tučniak

企鹅

žralok

鲨鱼

páv

孔雀

had

蛇

krokodíl

鳄鱼

ošetro... v ZOO

动物...员

tuleň

海豹

jaguár

美洲豹

ZOO - 动物园

poník

矮种马

leopard

豹

hroch

河马

žirafa

长颈鹿

orol

老鹰

diviak

野猪

ryba

鱼

korytnačka

龟

mrož

海象

líška

狐狸

gazela

羚羊

americký futbal
橄榄球

cyklistika
骑自行车

tenis
网球

basketbal
篮球

plávanie
游泳

box
拳击

hokej
冰球

futbal

英式足球

bedminton

羽毛球

ľahká atletika

田径

hádzaná

手球

lyžovanie

滑雪

pólo

马球

skočiť
跳

smiať sa
笑

objať
拥抱

chodiť
走路

spievať
唱

snívať
做梦

modliť sa
祈祷

pobozkať
亲吻

písať

书写

kresliť

画

ukázať

展示

tlačiť

推

dať

给

brať

拿

mať

有

robiť

做

byť

当

stáť

站

bežať

跑

ťahať

拉

hádzať

扔

padnúť

摔倒

ležať

躺

čakať

等待

nosiť

携带

sedieť

坐

obliecť sa

穿衣

spať

睡觉

zobudiť sa

醒来

pozerať

看

plakať

哭

hladkať

抚摸

česať

梳头

hovoriť

交谈

rozumieť

明白

pýtať sa

问

počuť

听

piť

喝

jesť

吃

upratať

清理

milovať

爱

variť

做饭

jazdiť

开车

letieť

飞

plachtiť

航行

počítať

计算

čítať

读

učiť sa

学习

pracovať

工作

oženiť

结婚

šiť

缝

čistiť zuby

刷牙

zabiť

杀

fajčiť

抽烟

poslať

寄

stará mama
祖母

starý otec
祖父

otec
父亲

mama
母亲

bábo
婴童

dcéra
女儿

syn
儿子

hosť

客人

teta

阿姨

strýko

叔叔

brat

兄弟

sestra

姐妹

čelo
前额

oko
眼睛

plece
肩膀

prst
手指

tvár
脸

brada
下巴

ruka
手

hruď
乳房

noha
腿

rameno
手臂

bábo
婴童

muž
男人

žena
女人

dievča
女孩

chlapec
男孩

hlava
头

chrbát

背部

brucho

肚子

pupok

肚脐

prst na nohe

脚趾

päta

脚后跟

kosť

骨头

bok

臀部

koleno

膝盖

lakeť

手肘

nos

鼻子

zadok

屁股

koža

皮肤

líce

脸颊

ucho

耳朵

pery

ústa

嘴

zub

牙齿

jazyk

舌头

mozog

脑

srdce

心脏

svaly

肌肉

pľúca

肺

pečeň

肝脏

žalúdok

胃

obličky

肾脏

pohlavný styk

性交

kondóm

避孕套

vaječ...unka

卵

semeno

精子

tehotenstvo

怀孕

menštruácia

月经

vagína

阴道

penis

阴茎

obočie

眉毛

vlasy

头发

krk

脖子

nemocnica
医院

sanitka
救护车

invalidný vozík
轮椅

zlomenina
骨折

lekár

医生

urgentný príjem

急诊室

sestrička

护士

urgentný prípad

紧急情况

v bezvedomí

昏迷

bolesť

痛

zranenie

受伤

krvácanie

出血

srdcový infarkt

心脏病发作

mozgová porážka

中风

alergia

过敏

kašeľ

咳嗽

teplota

发烧

chrípka

流感

hnačka

腹泻

bolesť hlavy

头痛

rakovina

癌症

cukrovka

糖尿病

chirurg

外科医生

skalpel

手术刀

operácia

手术

CT

CT

RTG

X光

ultrazvuk

超声波

maska

口罩

choroba

疾病

čakáreň

候诊室

barla

拐杖

náplasť

石膏

obväz

绷带

injekcia

注射

fonendoskop

听诊器

nosidlá

担架

teplomer

体温计

pôrod

出生

nadváha

超重

audiofón

助听器

dezinfekčný prostriedok

消毒液

infekcia

感染

vírus

病毒

HIV / AIDS

艾滋病

medicína

药物

očkovanie

接种疫苗

tabletky

药片

antikoncepčná pilulka

药丸

tiesňové volanie

急救电话

tlakomer

血压计

chorý / zdravý

生病/健康

Pomoc!

救命！

alarm

警报

prepad

突击

útok

攻击

nebezpečenstvo

危险

núdzový východ

紧急出口

Horí!

着火啦！

hasičský prístroj

灭火器

nehoda

意外

kufrík prvej pomoci

急救箱

SOS

呼救信号

polícia

警察

Európa

欧洲

Severná Amerika

北美洲

Južná Amerika

南美洲

Afrika

非洲

Ázia

亚洲

Austrália

澳洲

Atlantický oceán

大西洋

Tichý oceán

太平洋

Indický oceán

印度洋

Južný oceán

南冰洋

Severný ľadový oceán

北冰洋

Severný pól

北极

Južný pól

南极

Antarktída

南极洲

Zem

地球

krajina

陆地

more

海

ostrov

岛

národ

国家

štát

国家

ciferník

钟面

hodinová ručička

时针

minútová ručička

分针

sekundová ručička

秒针

Koľko je hodín?

现在几点？

deň

天

čas

时间

teraz

现在

digitálne hodiny

电子表

minúta

分

hodina

时

pondelok
周一

streda
周三

piatok
周五

utorok
周二

sobota
周六

štvrtok
周四

nedeľa
周日

včera	dnes	zajtra
昨天	今天	明天

ráno	poludnie	večer
早晨	中午	晚上

pracovné dni	víkend
工作日	周末

dážď
雨

dúha
彩虹

sneh
雪

vietor
风

jar
春

jeseň
秋

leto
夏

zima
冬

predpoveď počasia

天气预报

teplomer

温度计

slnečný svit

阳光

oblak

云

hmla

雾

vlhkosť vzduchu

潮湿

blesk

闪电

hrom

打雷

búrka

风暴

krúpy

冰雹

monzún

季风

záplava

洪水

ľad

冰

január

一月

február

二月

marec

三月

apríl

四月

máj

五月

jún

六月

júl

七月

august

八月

september

九月

október

十月

november

十一月

december

十二月

tvary

形状

kruh

圆形

štvorec

正方形

obdĺžnik

长方形

trojuholník

三角形

guľa

球体

kocka

立方体

biela

白

žltá

黄

oranžová

橙

ružová

粉

červená

红

fialová

紫

modrá

蓝

zelená

绿

hnedá

棕

šedá

灰

čierna

黑

veľa / málo

很多/少许

zúrivý / pokojný

生气/平静

pekný / škaredý

美/丑

začiatok / koniec

首/尾

veľký / malý

大/小

svetlý / tmavý

明/暗

brat / sestra

兄弟/姐妹

čistý / špinavý

干净/肮脏

úplný / neúplný

完整/缺失

deň / noc

白天/晚上

mŕtvy / živý

死/生

široký / úzky

宽/窄

chutný / nechutný

可食用/非食用

zlostný / láskavý

邪恶/善良

vzrušený / unudený

兴奋/无聊

tlstý / chudý

胖/瘦

prvý / posledný

第一/最后

priateľ / nepriateľ

朋友/敌人

plný / prázdny

满/空

tvrdý / mäkký

硬/软

ťažký / ľahký

重/轻

hlad / smäd

饿/渴

chorý / zdravý

生病/健康

nelegálny / legálny

非法/合法

inteligentný / hlúpy

聪明/愚笨

vľavo / vpravo

左/右

blízko / ďaleko

近/远

nový / použitý

新/旧

nič / niečo

没有/有些

starý / mladý

老/幼

zapnuté / vypnuté

开/关

otvorené / zatvorené

打开/合上

tichý / hlasný

安静/吵闹

bohatý / chudobný

富/穷

správne / nesprávne

对/错

drsný / hladký

粗糙/光滑

smutný / šťastný

伤心/高兴

krátky / dlhý

短/长

pomaly / rýchlo

慢/快

mokrý / suchý

湿/干

teplý / studený

温暖/凉爽

vojna / mier

战争/和平

0

nula

零

1

jeden

一

2

dva

二

3

tri

三

4

štyri

四

5

päť

五

6

šesť

六

7

sedem

七

8

osem

八

9

deväť

九

10

desať

十

11

jedenásť

十一

12
dvanásť

十二

13
trinásť

十三

14
štrnásť

十四

15
pätnásť

十五

16
šestnásť

十六

17
sedemnásť

十七

18
osemnásť

十八

19
devätnásť

十九

20
dvadsať

二十

100
sto

百

1.000
tisíc

千

1.000.000
milión

百万

angličtina

英语

americká angličtina

美式英语

mandarínska čínština

普通话

hindčina

印地语

španielčina

西班牙语

francúzština

法语

arabčina

阿拉伯语

ruština

俄语

portugalčina

葡萄牙语

bengálčina

孟加拉语

nemčina

德语

japončina

日语

ja

我

ty

你

on/ona/ono

他/她/它

my

我们

vy

你们

oni

他们

kto?

谁？

čo?

什么？

ako?

怎样？

kde?

哪里？

kedy?

什么时候？

meno

名字

za

后面

v

里面

pred

前面

nad

上方

na

上面

pod

下面

vedľa

旁边

medzi

中间

miesto

地点